JN112363

わたしすきすきノート

WATASHI
SUKI SUKI
NOTE

わたしがわたしを

もっとすきになるために

ノートいっぱいに

わたしのすきを　きざんでく

じぶんの"すき"について、どれくらい知ってる?

街を歩いているとき、SNSを見ているとき、ふとしたタイミングで「あ、これすきだなぁ」って感じることがあると思うけど。その"すき"についてを考えたことって実はあまりないかも……。

このところ定着してきた、「平成レトロ」「Y2K」のデザインが生まれた時代、いわゆるアラウンド2000年? その時代には、自己プロデュースなんて言葉が流行ったりして。じぶんを知って、みんなにうまく伝えられることがステータスになってたみたい。手帳やノートに雑誌の切り抜きコーデを張ったり、すきな人とのプリで埋めたり、すきな言葉を大きく書いたり。20年くらい前のことだけど、ファッションやカルチャーだけじゃなくって、そんなじぶんの"すき"を特別にする行動もちょっといいかも。

このすきすきノートに、じぶんの"すき"をおもいっきりつめこんでみて! 1年後には、あなたの"すき"の気持ちが読める特別なノートになってるはず♡

【わたしすきすきノートの使い方】

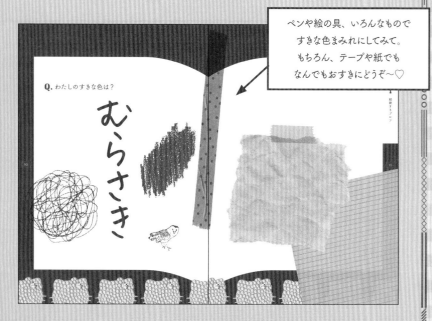

Q. わたしのすきな色は？

むらさき

ペンや絵の具、いろんなもので
すきな色まみれにしてみて。
もちろん、テープや紙でも
なんでもおすきにどうぞ〜♡

HELLO KITTY

Q. わたしのすきな外食先は？

中華系
『すきすき楼』☆☆☆☆☆ 3.7
ルーロー飯うめぇ

カフェ系
『SUKI CAFE』☆☆☆☆ 4.0
まどぎわの席、光がきれいすぎ

すきなお店、自分だけの
穴場のお店。わたしだけの
グルメページ作ってみてね。

言われてうれしかった、
隠し切れない思い。
ここにためこんでいつでも
見返してみるとかでもいいかも。

Q. わたしのすきなほめられコトバは？

「センスよすぎない?」by Sちゃん

「笑うときクシャ〜ってなる のいいなぁ」
「なにげ芯もってるよね」
「ココロ、ゆたか〜!」

Q. わたしのすきな柄は？

GEOMETRY

GINGHAM
CHECK

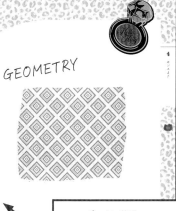

グッズや洋服、ついつい
集めちゃう柄。手描きでも、
シールでもなんでもいいから
テンションあがる柄でデコってみて

【わたしすきすきノートの使い方 応用編】

もらった花、みつけた
よつばのクローバー。
このページでドライフラワーとして
保存しておくとかもアリかも。

雑誌やパンフレットの切り抜き、
ブランドタグなんかで
おしゃれな空気ただよう
世界観作っちゃって☆

1
超絶すきプロフ

わたしのあいさつがわりの、個人的プロフィール。
会話でなんとなく答えていたようなことだって、
一度向き合って深ぼりしてみる。
ただペンで書くだけじゃなくって、
自分好みにデコってみてね。

Q. わたしのすきな人ってどんな人？

Q. わたしのすきな食べものは？

Q. わたしのすきな色は？

Q. わたしのすきな飲みものは？

Q. わたしのすきな動物は？

Q. わたしの体のなかですきなところはどこ？

Q. わたしの名前の由来は？

Q. わたしのいまの目標って？

Q. わたしのすきなお菓子は？

Q. わたしが寝てるときよく見る夢は？

Q. わたしの地元のすきなところは？

Q. わたしの家族のすきなところは？

Q. わたしのお気に入りのプリ、ここに貼ってく！

2

文化てきなもの

楽しい時間をすごすための、
エンタメやカルチャーがたくさんあるけど。
「おもしろかった」ってSNSに書いて終わりだと
なんかただ消費してる感じもして。
わたしのすきリスト作っておかない?

Q. わたしのすきな俳優は？

Q. わたしのすきな映画は？

Q. わたしのすきな音楽は？

Q. わたしのすきな芸人は？

Q. わたしのすきなマンガは？

Q. わたしのすきなキャラクターは？

Q. わたしのすきな小説は？

Q. わたしのすきなミュージシャンは？

Q. わたしのすきな建造物は？

Q. わたしのなかでのミステリーって思うことは？

Q. わたしのすきなゲームは？

Q. わたしのすきなスポーツは？

Q. わたしがすきでコレクションしているものは？

Q. わたしのすきな外食先は？

HELLO KITTY

3
エモさの理由

心が動くとき、感情がゆれてしまうとき、
わたしってどういうときに感動するんだろう?
超個人的なエモさのみなもとを探っていくと、
わたしの心のなかが見えてくるかも♡

Q. わたしのすきな風景ってどんなだろう

Q. わたしのすきな月って何月だろう？

Q. わたしのすきな雲は？

Q. わたしのすきな国は？

Q. わたしのすきな花は？

Q. わたしのすきな過去のあのとき、思い出してみて

Q. わたしのすきな瞬間ってどんなときだろう

Q. わたしのすきなほめられコトバは？

Q. わたしの成功体験、思い出してみて

Q. わたしが懐かしさを感じるものは？

Q. わたしのすきな日本の風習は？

Q. わたしのすきな人とのヒミツは？

Q. わたしが怒るのってどんなとき？

Q. わたしの大切な記念日は？

4

センスよ♪

センスっていうと、
持って生まれた……みたいな感じだけど。
あれ、美学ってことでしょ。世界観みたいなものかな。
わたしのすきをここにまとめておけば、
わたしの世界できるから。

Q. わたしのすきな素材は？

Q. わたしのすきなコスメは？

Q. わたしのすきなブランドは？

Q. わたしのすきな香りは？

Q. わたしの宝物ってなんだろう

Q. わたしのすきなおしゃれってどんなだろう

Q. わたしのすきな柄は？

Q. わたしのすきな贈り物は？

Q. わたしがオシャレの
　　手本にしている人は？

5

すきすきマインド

いいこともわるいこともあるけど、
まずは自分のメンタルをなにより優先しなくちゃ！
わたしのいいメンタルをキープするための、
マインドっていうマイ哲学。
名言でもポエムでもここだけは解放〜☆

HELLO
KITT

Q. わたしのすきな名言は？

Q. わたしがいちばんリラックスするときは？

HELLO
KITT

Q. わたしのすきなコトバは?

HELLO
KITTY

Q. わたしのすきな文字は？

Q. わたしが最近感動したことは？

Q. わたしが信じているおまじないは？

HELLO
KITT

Q. わたしのやる気のみなもとは？

Q. わたしが受け入れたコンプレックスは？

HELLO
KITT

Q. わたしについて発見したことは？

HELL
KITT

Q. わたしが大切にしている信念は？

HELL
KITT

Q. わたしのすきなパワースポットは？

Q. わたしがこれから挑戦したいことは?

**HELLO
KITTY**

Q. わたしの得意なことは？

Q. わたしが「ありがとう」と言いたいことは？

HELLO
KITT

Q. わたしのすきなところは？

わたしと

わたしのすきの

未来……

このノートにはたくさんのじぶんへの質問があったけど、

どうだったかな。

ちょっとしか書きこめなかった人も、ぎっしり書きこんじゃったっ

て人もいるんじゃないかな。

このすきすきノートは、1回書いて終わりじゃなくってずっと

ずっと育てていってほしいの。"すき"って気持ちは変化するし

成長していくものだし。きっとそうやって考え続けていくことが

大事な気がする。

今だけじゃなく、これからもあなたの"すき"について、書きこ

んだり、貼り付けてみたりしてどんどん自分を見える化していっ

てくれたら最高♡

あるとき、この"すきの日記帳"を見返したら、今までよりもわ

たしのことがわかったような気がするんじゃないかな。

未来のわたしへのひとつだけのノート

わたしすきすきノート

発行日　2024 年 3 月 10 日　初版第 1 刷発行

発行者　小池英彦
発行所　株式会社 扶桑社
〒105-8070　東京都港区芝浦 1-1-1　浜松町ビルディング
電話　03-6368-8870（編集）
　　　　03-6368-8891（郵便室）
www.fusosha.co.jp

印刷・製本　図書印刷株式会社

デザイン　江原レン（mashroom design）
編集　佐藤弘和